中国公路建设行业协会标准

公路隧道湿喷混凝土施工技术指南

Technical Guidelines for Wet Shotcrete Construction of Highway Tunnel

T/CHCA 002—2019

主编单位:中铁十二局集团有限公司
批准部门:中国公路建设行业协会
实施日期:2019 年 10 月 01 日

人民交通出版社股份有限公司

图书在版编目(CIP)数据

公路隧道湿喷混凝土施工技术指南／中铁十二局集团有限公司主编. — 北京：人民交通出版社股份有限公司，2019.12
ISBN 978-7-114-16078-3

Ⅰ.①公⋯ Ⅱ.①中⋯ Ⅲ.①公路隧道—混凝土施工—技术—指南 Ⅳ.①U459.2-62

中国版本图书馆CIP数据核字(2019)第277731号

标准类型：中国公路建设行业协会标准
标准名称：**公路隧道湿喷混凝土施工技术指南**
标准编号：T/CHCA 002—2019
主编单位：中铁十二局集团有限公司
责任编辑：黎小东　朱伟康
责任校对：张　贺　龙　雪
责任印制：张　凯
出版发行：人民交通出版社股份有限公司
地　　址：(100011)北京市朝阳区安定门外外馆斜街3号
网　　址：http://www.ccpress.com.cn
销售电话：(010)59757973
总 经 销：人民交通出版社股份有限公司发行部
经　　销：各地新华书店
印　　刷：北京鑫正大印刷有限公司
开　　本：880×1230　1/16
印　　张：2.25
字　　数：42千
版　　次：2019年12月　第1版
印　　次：2019年12月　第1次印刷
书　　号：ISBN 978-7-114-16078-3
定　　价：40.00元

(有印刷、装订质量问题的图书，由本公司负责调换)

中国公路建设行业协会
公 告

第 2 号

中国公路建设行业协会关于发布
《公路隧道湿喷混凝土施工技术指南》的公告

现发布《公路隧道湿喷混凝土施工技术指南》(T/CHCA 002—2019)，作为中国公路建设行业协会标准(团体标准)，推荐全行业使用，自 2019 年 10 月 1 日起施行。

《公路隧道湿喷混凝土施工技术指南》(T/CHCA 002—2019)的管理权和解释权归中国公路建设行业协会，日常解释和管理工作由主编单位中铁十二局集团有限公司负责。

各有关单位如在执行实践中发现问题或有修改意见，请函告中铁十二局集团有限公司(地址:山西省太原市万柏林区西矿街130号，邮编:030024，电子邮箱:t12jkjb@163.com)，以便修订时研用。

中国公路建设行业协会
二〇一九年八月二十七日

前　言

喷射混凝土用于公路隧道临时防护或洞内初期支护，可单独或者与锚杆、钢筋网、钢架等支护结构的一种形式或几种形式共同组成支护体系，其主要作用是封闭围岩、支撑围岩、阻止围岩松动。

本指南在总结公路隧道喷射混凝土施工技术前提下，顺应工程技术发展的趋势，从喷射混凝土原材料及配合比、湿喷工艺、质量控制与检查等方面综合阐述了公路隧道湿喷混凝土施工的技术要点。

本技术指南共分为 5 章，主要内容分为：总则、术语、原材料及配合比、湿喷混凝土施工、质量控制与检查。

主编单位： 中铁十二局集团有限公司

主　编： 王　涛

参编人员： 李建军　白国峰　李五红　刘兴韬　赵香萍　黄直久
　　　　　　 李　佐　李　晓　王可心　高志峰

目　　次

1 总则 ··· 1
2 术语 ··· 2
3 原材料及配合比 ··· 3
　3.1 一般规定 ··· 3
　3.2 原材料选择 ·· 3
　3.3 材料储存与管理 ··· 7
　3.4 配合比设计 ·· 8
4 湿喷混凝土施工 ··· 11
　4.1 一般规定 ··· 11
　4.2 湿喷设备 ··· 11
　4.3 施工准备 ··· 12
　4.4 搅拌 ·· 14
　4.5 运输 ·· 15
　4.6 喷射 ·· 15
　4.7 养生 ·· 17
5 质量控制与检查 ··· 19
　5.1 一般规定 ··· 19
　5.2 原材料质量控制与检查 ··· 19
　5.3 喷射混凝土质量控制与检查 ·· 21
　5.4 施工记录 ··· 22
附录 A　湿喷混凝土有关的试验和测定方法 ·· 23
附录 B　湿喷混凝土回弹率试验 ··· 25
附录 C　无底试模法和贯入法 ·· 26
本指南用词说明 ·· 27

1 总则

1.0.1 为指导公路隧道湿喷混凝土施工,保证工程质量和安全,提高施工效率,制定本指南。

条文说明

编制本指南是为加强公路隧道湿喷混凝土的施工管理,确保施工过程的工程安全、环境安全和工程质量,统一公路隧道湿喷混凝土的施工技术标准。

1.0.2 本指南适用于公路隧道湿喷混凝土施工。

1.0.3 公路隧道湿喷混凝土施工应根据工程结构类型积极推行机械化、工厂化、专业化、信息化等现代化施工手段。

1.0.4 湿喷混凝土施工应纳入质量、安全、环保管理体系,编制安全专项施工方案和作业指导书,并做好技术交底和相应培训。

1.0.5 应加强公路隧道湿喷混凝土施工资料的收集、归档,并与工序同步,保证可追溯。

1.0.6 公路隧道湿喷混凝土施工除应符合本指南规定外,尚应符合国家和行业现行有关标准的规定。

2 术语

2.0.1 湿喷 wet-mix shotcreting

将胶凝材料、集料、水及外加剂在拌和机中拌和后,压送到喷嘴处与液态速凝剂混合后喷出的一种喷射混凝土施作方法。

2.0.2 纤维喷射混凝土 fiber shotcrete

在喷射混凝土拌和物中掺入适量的优质纤维,经特定的投料顺序及拌和时间拌和后,使纤维均匀分布在混凝土中并进行喷射的特种混凝土。

2.0.3 胶凝材料 cementitious material

用于配制混凝土的水泥和具有活性的矿物掺合料的总称。

2.0.4 水胶比 water to binder ratio

混凝土拌和物中总用水量与胶凝材料总量的质量比。

2.0.5 碱活性集料 alkali active aggregate

在一定条件下会与混凝土中的碱发生化学反应,导致混凝土结构产生膨胀、开裂,甚至破坏的集料。

2.0.6 喷射回弹率 rebound ratio of spraying

喷射时,喷嘴喷出未黏结在受喷面上的溅落拌和物与总喷出拌和物的质量百分比。

3 原材料及配合比

3.1 一般规定

3.1.1 湿喷混凝土施工前应结合工程特点,因地制宜,选择原材料并确定配合比。

3.1.2 湿喷混凝土所用原材料应符合设计要求,并按相关标准进行进场检验和验收。

3.2 原材料选择

3.2.1 水泥应符合下列要求:
1 湿喷混凝土的水泥强度等级不宜低于42.5MPa。
2 宜采用硅酸盐水泥或普通硅酸盐水泥,水泥的性能指标应符合现行《通用硅酸盐水泥》(GB 175)的规定。
3 处于侵蚀性介质中的喷射混凝土宜采用耐侵蚀水泥。
4 遇特殊情况时,可采用特种水泥。

条文说明

为保证喷射混凝土的凝固时间及与速凝剂的相容性,所用水泥应具有强度高、抗渗性和耐久性好,应优先选用P·O42.5以上的普通硅酸盐水泥。这是因为普通硅酸盐水泥含有较多的铝酸三钙(C_3A)和硅酸三钙(C_3S),凝结时间较快,特别是与速凝剂有良好的相容性。特种水泥没有固定的批量定型产品,使用前应做现场试验,指标满足设计要求,必须通过现场试验确定掺量,混凝土的强度指标必须满足设计要求。

3.2.2 矿物掺合料应符合下列要求:
1 湿喷混凝土中宜掺加粉煤灰等掺合料。
2 粉煤灰的技术指标应符合现行《用于水泥和混凝土中的粉煤灰》(GB/T 1596)的规定。

条文说明

水泥水化是一个逐步发展的过程,在28d的龄期中,水泥的实际利用率仅占60%~70%,而另外的未水化水泥中的CaO后期遇水后生成$Ca(OH)_2$,产生体积膨胀,给后期强度带来不利影响。利用活性掺合料代替部分未水化的水泥,不仅可以降低成本,最主要的是可以利用活性材料中的活性成分(主要是 SiO_2 与 Al_2O_3)与水泥水化产物 $Ca(OH)_2$ 进行二次反应,生成含水硅酸钙与含水铝酸钙。新生成的水化产物不仅提高了喷射混凝土的强度和致密性,而且提高了其抗冻、抗渗、抗腐蚀等性能。这一类活性掺合料主要是指粉煤灰和矿渣粉、硅粉;其中,矿渣粉的技术指标应符合现行《用于水泥、砂浆和混凝土中的粒化高炉矿渣粉》(GB/T 18046)的规定,硅灰的技术指标应符合现行《砂浆和混凝土用硅灰》(GB/T 27690)的规定。采用硅酸盐水泥或普通硅酸盐水泥时,粉煤灰掺量宜为水泥质量的10%~30%,矿渣粉掺量宜为水泥质量的5%~15%,硅粉掺量宜为水泥质量的5%~10%。具体掺量应通过试验确定。

3.2.3 集料应符合下列要求:

1 细集料应采用坚硬耐久的天然中、粗砂或合格的机制砂,细度模数宜大于2.5。

2 粗集料应采用坚硬耐久的碎石或卵石,喷射混凝土中的石子粒径不宜大于16mm,喷射钢纤维混凝土石子最大粒径不宜大于10mm。集料级配宜采用连续级配。

3 当选用具有潜在碱活性的集料时,集料的碱活性应按现行《建筑用砂》(GB/T 14684)、《建筑用卵石、碎石》(GB/T 14685)检测,合格后方可使用。

4 集料其他性能指标应符合现行《公路隧道施工技术细则》(JTG/T F60)的要求。

条文说明

混凝土的强度除了取决于集料的强度外,还取决于水泥浆与集料的黏结强度,同时集料的表面越粗糙,界面黏结强度越高,因此用碎石比用卵石好。试验表明,在一定范围内集料粒径越小,分布越均匀,混凝土强度越高。集料最大粒径的减少,不仅增加了集料与水泥浆的黏结面积,而且集料周围有害气体减少,水膜减薄,容易拌和均匀,从而提高了混凝土的强度。

关于粗集料的粒径,目前国内的喷射机可使用最大粒径为25mm,但为了减少回弹和管路堵塞,故条文规定不大于16mm。细集料采用中粗砂及细度模数宜大于2.5的规定,不仅是为了有足够的水泥包裹细集料,有利于获得足够的混凝土强度,同时可减少粉尘和硬化后混凝土的收缩。

集料的碱活性试验方法有岩相法、快速法、砂浆长度法、岩石柱法。(1)岩相法适用于鉴定碎石、卵石的岩石种类、成分,检验集料中活性成分的品种和含量。根据岩相鉴定结果,对于不含活性矿物的岩石,可评定为非碱活性集料。评定为碱活性集料或可疑时:①当检验出集料中含有活性二氧化硅时,应采用快速法和砂浆长度法,进一步进行碱活性检验;②当检验出集料中含有活性碳酸盐时,应采用岩石柱法,进一步进行碱活性检验。(2)快速法适用于检验硅质集料与混凝土中的碱产生潜在反应的危害性,不适用于碳酸盐集料检验。①当14d膨胀率小于0.10%时,可判定为无潜在危害;②当14d膨胀率大于0.20%时,可判定为有潜在危害;③当14d膨胀率在0.10%~0.20%之间时,需按砂浆长度法再进行试验判定。(3)砂浆长度法适用于鉴定硅质集料与水泥(混凝土)中的碱产生潜在反应的危害性,不适用于碱碳酸盐反应活性集料检验。当砂浆半年膨胀率低于0.10%或3个月膨胀率低于0.05%时(只有在缺半年膨胀率资料时才有效),可判定为无潜在危害。否则,应判定为具有潜在危害。(4)岩石柱法适用于检验碳酸盐岩石是否具有碱活性:①同块岩石所取的试样中以其膨胀率最大的一个测值作为分析该岩石碱活性的依据;②试件浸泡84d的膨胀率超过0.10%,应判定为具有潜在碱活性危害。

3.2.4 外加剂应符合下列要求:

1 减水剂应符合现行《混凝土外加剂》(GB 8076)的规定,使用前必须进行相应性能试验,其掺量通过试验确定。

2 速凝剂应采用质量稳定的低碱或无碱液态速凝剂,钢纤维喷射混凝土宜采用无碱液态速凝剂,其性能指标符合现行《喷射混凝土用速凝剂》(GB/T 35159)的规定。应做水泥的相容性试验及水泥净浆凝结试验,选择掺量。

3 掺入其他外加剂时,其品种和掺量应通过试验确定,并符合相关标准要求。

条文说明

为了降低用水量、降低回弹率和粉尘率,使喷射混凝土早凝早强,必须使用外加剂。应采用符合质量要求并对人体危害性很小的速凝剂,掺加速凝剂之前,应做速凝剂与水的相溶性试验及水泥净浆速凝效果试验,注意速凝剂效果试验,初凝时间不应大于5min,终凝时间不应大于10min。在喷射混凝土中添加速凝剂的目的是使喷射混凝土满足设计要求,促进混凝土早强。一般速凝剂最佳掺量约为胶材质量的4%~6%,实际使用时拱部可采用4%~6%,边墙可采用4%,实际掺量以试验为准。过多的掺量对喷射混凝土反而不利,这是因为速凝剂虽然加速了喷射混凝土的凝结速度,但也阻止了水在水泥中的均匀扩散,使部分水包裹在凝结的水泥中,硬化后形成气孔,另一部分水泥因而得不到充足的水分进行水化反应而干缩,从而产生裂纹。此外,速凝剂掺入应均匀。速凝剂对于不同品种的水泥,其作用效果是不同的,而且速凝剂的凝结时间也会因环境温度的不同而有差别。为此,需要在使用前进行与水泥相容性和速凝效果的检验,前者主要是检验喷射混凝土的强度等是否受到影响,如受到影响则应采取相应改进措施,后者是在满足凝结时间的要求下确定适应水泥品种与现场温度变化时的相应掺量,一般情况下无碱速凝剂掺量可采用胶材质量的6%~9%。

速凝剂经历由粉剂向液剂及由高碱向无碱的发展趋势,主要原因:首先,碱性速凝剂宜引起混凝土后期强度损失;其次,存在碱集料反应的风险,不利于混凝土的耐久性;最后,其具有极强的腐蚀性,不仅腐蚀机具,而且能严重损害人体健康。无碱、无腐蚀、无毒、无刺激性的速凝剂是速凝产品的发展方向。目前,市场出现的无碱速凝剂多是含有氢氟酸的。氢氟酸工艺生产无碱液体速凝剂的危害如下。

对人体的危害:在没有防护措施的情况下,会导致人体骨骼软化,严重会导致不可逆转的伤残,吸入氢氟酸酸雾会引起支气管炎和出血性肺水肿,也可经皮肤吸收引起严重中毒。

对湿喷机械的危害：具有强烈腐蚀作用，在短时间内会对使用该系列速凝剂的湿喷机械以及输送管道、喷头造成严重的腐蚀。

对施工的直接危害：24h 强度很难达到国家标准要求。

隐蔽危害：混凝土发生渗水或在潮湿的环境中，会在一定时间内与混凝土发生化学反应，造成混凝土强度降低，从而造成无法挽回的经济损失。

3.2.5 水不应含有影响水泥正常凝结与硬化的有害杂质，其性能指标应符合现行《混凝土用水标准》(JGJ 63)的相关要求。

条文说明

工程中多以饮用水作为拌和用水，水质应符合工程用水的有关规定，拌和用水中不应含有影响水泥正常凝结与硬化的有害杂质，不得使用污水及 pH 值小于 4 的酸性水和含硫酸盐量按 SO_4^- 计算超过拌和用水质量 1% 的水。

3.2.6 钢纤维应满足下列要求：

1 钢纤维宜采用普通碳素钢制成。

2 钢纤维不得有明显的锈蚀和油渍及其他妨碍钢纤维与水泥黏结的杂质；钢纤维内含有的因加工不良造成的粘连片、铁屑及杂质的总质量不应超过钢纤维质量的 1%。

3 钢纤维断面直径（或边长）宜为 0.3~0.5mm；钢纤维长度宜为 20~25mm，并不得大于 25mm，长度直径比宜为 40~60。

4 钢纤维抗拉强度不得小于 380MPa。其他技术指标应符合现行《公路工程水泥混凝土用纤维》(JT/T 524)的规定。

条文说明

钢纤维是一种新型的建筑材料，其本身具有很高的抗拉强度和韧性，在混凝土中掺入钢纤维可获得明显的增强效果。混凝土是一种脆性材料，在开裂后其承载能力迅速下降，即韧性较差。钢纤维是喷射混凝土配合比中最重要的原材料，由于其体积小，能在整个喷射混凝土层中均匀分布，从而改善喷射混凝土的裂隙和拉力分布，延缓初始开裂，使钢纤维喷射混凝土成为一种高承载能力的柔性材料，在开裂后仍然具有较大的承载能力。通过掺用优质的钢纤维，可使喷射混凝土的断裂能量提高 50~200 倍。纤维在混凝土中的增强、增韧效果与纤维的长度、直径、长径比、纤维形状和表面特征等因素有关。钢纤维长度太短或太粗，增强作用都不明显，但也不宜太长或太细，太长则影响拌和物性能及喷射效果，太细则在搅拌和喷射过程中容易弯折或结团。大量的工程经验表明：长度在 20~60mm，直径在 0.3~0.9mm，长径比在 30~80 范围内的钢纤维，对混凝土的增强效果明显。喷射混凝土由于受到喷管的影响，选择短纤维的喷射效果较佳，其适宜长度、直径都应适当减小。故条文规定钢纤维断面直径（或边长）宜为 0.3~0.5mm；钢纤维长度宜为 20~25mm，并不得大于 25mm，长度直径比宜为 40~60。

3.2.7 合成纤维的品种、规格、质量应符合设计要求。

条文说明

聚丙烯纤维是由丙烯聚合物制成的烯烃类纤维,其表面具有憎水性,具有强度高,相对密度小,不吸水,耐酸、碱、盐等化学腐蚀,无毒性等性能。在混凝土中掺入由聚丙烯纤维作为微加强筋系统的喷射混凝土,具有较高的黏稠性,可大幅度降低混凝土的回弹,减少混凝土的干缩裂缝,明显提高混凝土的抗弯强度、抗冲击强度及抗疲劳强度。抗拉强度是合成纤维的主要技术指标,直接影响合成纤维的增强和增韧效果。

3.2.8 钢筋网应符合下列要求:

1 钢筋宜采用直径为6～12mm的HPB300钢筋,网格间距宜为150～300mm,钢筋间应采用焊接方式连接。

2 钢筋应冷拉调直后使用,钢筋表面不得有裂纹、油污、颗粒或片状锈蚀。

条文说明

钢筋网钢筋和其他用途的钢筋一样,要求调直、除锈、去油污。钢筋网钢筋直径不宜过大。钢筋网要求随岩面凹凸起伏敷设,因此小直径钢筋容易敷设。从受力角度考虑,小直径钢筋能满足要求。

3.3 材料储存与管理

3.3.1 原材料进场后,应建立原材料管理台账,台账内容应主要包括进场日期、材料名称、品种、规格、数量、生产单位、供货单位、质量证明书编号、试验检验报告编号及检验结果、填写人、填写日期等。

条文说明

原材料进场后应按有关规定进行检验。材料供应商应提供所供材料的有效质量证明文件。质量证明文件应包括型式检验报告、出厂检验报告与合格证等,外加剂产品还应提供使用说明书。各种材料的型式检验报告有效期为一年。

3.3.2 材料堆放应设置明确标识,标明材料名称、品种、生产厂家、生产日期、进场日期及检验状态。

条文说明

原材料应分仓储存、标识明确,并符合有关环境保护的规定。标识应注明材料的品名、产地(厂家)、等级、规格等必要信息。

3.3.3 水泥、矿物掺合料应按厂家、品种、规格分批储存,应采取防潮措施,避免受潮结块。不同厂家、品种、规格的产品不得混合使用。

条文说明

水泥应按不同生产厂家、品种和强度等级分批储存,并应采取防潮措施;出现结块的水泥不得使用;出厂超过3个月(快硬硅酸盐水泥超过1个月)的水泥应进行复检,合格后方可使用。矿物掺合料储存时,应采取防潮防雨措施,不同品种的矿物掺合料不得混杂存放。

3.3.4 粗集料应分级采购、分级堆放、分级计量。粗、细集料储料仓应具有遮雨、防晒、防水和防污等功能。

条文说明

粗集料在运输和装卸过程中,其级配可能发生变化。为了确保集料具有良好的级配,一个有效且又可行的技术措施是在使用过程中对粗集料实行分级采购、分级运输、分堆堆放、分级计量,配合比试配时再确定各级配石的具体用量,以使集料具有尽可能小的空隙率,从而降低混凝土的胶凝材料用量。

3.3.5 外加剂应采用仓库储存,按不同生产厂家、品种、规格储存在密封的容器中,不得受到污染。冬期应采取保温防冻措施,减水剂不宜低于0℃、速凝剂不宜低于10℃且满足工作性能要求。

条文说明

外加剂的送检样品应与批量进货一致,并应按不同的供货单位、品种和牌号进行标识,单独存放;液态外加剂应储存在密闭容器内,并应防晒和防冻,如有沉淀等异常现象,应重新均化并经检验合格后方可使用。目前聚羧酸减水剂的临界温度为0℃,低于0℃会出现结晶现象,本条文规定0℃以上,是为了保证减水剂的使用效果。

3.3.6 钢纤维不应混入杂物,储存时应防止锈蚀。合成纤维应储存在通风、阴凉、干燥的仓库内,避免暴晒,并远离光源、热源,严禁与化工腐蚀物品一起堆放。

3.3.7 钢筋网不得直接放在地上,应间隔堆放储存,室外存放应覆盖。

3.4 配合比设计

3.4.1 应根据环境条件、施工工艺等进行配合比设计,通过计算、试配、调整、试喷和试件检测等步骤,选定拌和物性能、力学性能满足要求的湿喷混凝土配合比。

3.4.2 配合比设计参数应符合下列规定：

1 砂率宜为45%～60%。

2 喷射混凝土水胶比宜为0.4～0.5，喷射合成纤维混凝土水胶比宜为0.35～0.45，钢纤维喷射混凝土的水胶比宜为0.45～0.5。

3 坍落度宜控制在100～140mm，纤维混凝土坍落度宜控制在160～180mm。

4 速凝剂掺量应根据水泥品种、水胶比等，通过试验选择确定。

5 胶凝材料用量不宜小于400kg/m³，钢纤维喷射混凝土胶凝材料用量不宜小于450kg/m³。

6 采用纤维混凝土时，纤维掺量应符合设计要求。设计无具体要求时，钢纤维掺量宜为干混合料质量的1.5%～4%，合成纤维掺量应根据纤维的品种、规格按照产品的相关技术条件确定。

3.4.3 湿喷混凝土配合比设计可采用质量法或体积法，应按现行《普通混凝土配合比设计规程》(JGJ 55)计算粗、细集料用量，湿喷混凝土的表观密度不宜低于2200kg/m³。

3.4.4 湿喷混凝土配合比试配、试喷、调整与确定应符合下列规定：

1 按配合比计算确定的1m³混凝土原材料用量进行试拌，测试拌和物性能。

2 试拌时每盘混凝土的最小搅拌量应在20L以上，且不少于搅拌机额定容量的1/3。拌和物性能不满足要求时，通过逐步调整胶凝材料用量、砂率和外加剂用量，确定基准配合比。

3 在基准配合比的基础上，水胶比分别增加和减少0.05得到另外2个配合比，用水量不变，砂率可分别增加和减少1个百分点。根据得到的3个配合比，按照现行《普通混凝土力学性能试验方法标准》(GB/T 50081)要求进行混凝土的力学性能检验。

4 按确定的3个配合比进行现场试喷，拌和物性能、回弹率不满足喷射要求时应进行调整，调整时应保持水胶比不变。

5 对调整后的3个配合比进行大板喷射取样和试件加工，进行力学性能试验。必要时采用实体钻芯取样和试件加工，进行力学性能试验验证。

6 按照工作性能优良、力学性能满足要求、经济合理的原则，选择合适的配合比作为室内理论配合比。

7 根据实测混凝土拌和物的表观密度，求出校正系数并对试验室理论配合比进行校正，得到湿喷混凝土的理论配合比。

8 湿喷混凝土设计配合比确定后，应进行喷射施工适应性验证。

条文说明

3.4.1～3.4.4 喷射混凝土的配合比不同于普通混凝土的配合比，需要根据其施工工艺来选择喷射混凝土湿喷法的配合比设计方法。为了减少回弹量需采用较高的砂率，砂率增加意味着集料的总面积增加，这就要求采用更多的水泥来包裹集料表面，以满足喷射混凝土的强度要求,水泥用量越大,喷射混凝土就越容易干缩、开裂,同时成本也会增加。因此,首先确定水泥用量,根据经验水泥用量宜为 400～450kg/m³;其次确定砂率,宜选用粗砂或中砂,砂率宜为 45%～60%,砂率过高或过低易造成堵管;再次确定水灰比,水灰比宜为 0.45～0.5,水灰比过小会产生粉尘,造成回弹量大、黏结力低,喷层会产生干斑、砂窝等现象,水灰比过大会造成强度低、速凝效果差,喷层流淌、滑移、坍落等现象。坍落度宜为 100～140mm,根据铁路、公路现有的隧道施工情况统计,混凝土坍落度为 100～140mm 时,喷射效果最好。纤维混凝土坍落度宜为 160～180mm,纤维混凝土由于添加了纤维,为避免出现堵管现象,坍落度适当放大。另外要注意根据围岩类别、施工环境温度作相应的调整。软弱围岩条件下考虑提高喷射混凝土强度等级。

配合比设计主要分 3 个步骤,依次为室内试验、喷大板试验、现场喷射试验。

(1) 室内试验

首先,通过原材料性能检测及与工程所用水泥的相容性试验,优选速凝剂、减水剂及矿物掺合料。然后,根据工程经验或规范要求,确定一个初步配合比进行湿拌,通过调整使其坍落度、质量密度等指标满足设计要求,接着对调整后的初步配合比进行强度复核试验,确定湿拌喷射混凝土室内配合比。

纤维是决定湿拌纤维喷射混凝土承载能力的主要材料,因其成本较高,一般需要选择 2～3 种合格的纤维进行拌和,并进行喷射工艺以及力学性能对比试验,最后确定性价比最优的纤维,采用室内配合比对不同纤维进行不同掺量的对比试验,通过比较不同配合比的纤维分布情况及力学性能成果,优选纤维。

(2) 喷大板试验

选用室内配合比试验分别进行不同掺量的喷大板试验,通过观察和对比不同配合比的搅拌过程是否顺利、喷射是否顺畅以及力学指标,确定最优配合比。

纤维混凝土通过观察纤维的成团情况、喷射是否顺畅以及力学指标,确定最优纤维。

(3) 现场喷射试验

现场喷射试验通常选择从工程的非主体部位进行,通过适当调整速凝剂和减水剂掺量以及砂率,最终获得黏结性好、易于泵送、回弹率小的施工配合比。

喷射混凝土施工适应性验证是指所设计的配合比与设备的匹配性能,是否出现堵管、管道变径处卡管、喷枪口混凝土滴落较多等问题。

3.4.5 当原材料、设备等发生变化时,应重新选定配合比。

条文说明

当水泥、矿物掺合料、外加剂的品种、规格、型号、生产厂家发生变化或所使用的机械设备发生变化时,应重新进行配合比设计。

4 湿喷混凝土施工

4.1 一般规定

4.1.1 喷射混凝土应配置专业操作人员和机械设备，按设计要求施工。

4.1.2 施工前应进行试喷工艺性试验，确定喷射距离、风压等工艺参数；当设备或配合比发生变化时，应重新进行试喷工艺性试验。

4.1.3 喷射混凝土应在受喷面上道工序质量检查验收合格后方可施工。

4.1.4 喷射作业的环境温度不得低于5℃，进入湿喷机的混凝土温度不应低于5℃，冬季作业时应采取防冻保暖措施。

条文说明

根据当地多年气象资料统计，当室外日平均气温连续5日稳定低于5℃时，采取冬期施工措施；当室外日平均气温连续5日稳定高于5℃时，可退出冬期施工。

混凝土用集料应符合国家现行有关标准的规定，并不得含有冰、雪冻块及其他易冻裂物质。混凝土中掺入矿物掺合料可以提高混凝土的力学性能与耐久性，但在负温下使用矿物掺合料，应考虑与常温条件下的差异。矿物掺合料的掺量应在综合考虑混凝土负温下强度发展速率及其他物理力学性能的基础上经试验确定。应定时测量拌和用水、外加剂溶液、集料的温度以及混凝土出机温度、浇筑温度和入模温度，每一工作班至少应测量4次。

4.1.5 喷射作业时，粉尘含量应符合现行《公路隧道施工技术规范》(JTG F60)的规定。作业人员应穿戴防尘口罩、防护镜、防护帽等劳保用品。

4.2 湿喷设备

4.2.1 湿喷设备应综合考虑工程特点、隧道断面、开挖工法、喷射混凝土用量等施工条件进行选择。

4.2.2 喷射作业宜采用湿喷机械手,或与施工条件相适应的手持式车载湿喷机。

条文说明

对全断面开挖的隧道,使用湿喷机械手,对条件限制的台阶法隧道采用手持式车载湿喷机。

4.2.3 湿喷设备的性能应符合下列要求:

1 密封性能良好,输料连续均匀。

2 喷射能力应大于 $20m^3/h$。

3 混凝土输料距离:水平方向不应小于 30m,垂直方向不应小于 20m。输送管径为 80~125mm(变径)。

4 湿喷机应具备速凝剂流量的计量功能。

条文说明

速凝剂的掺入:湿喷机上有一可调节流量的计量泵,计量泵将从容器内引入的速凝剂通过胶管压入喷嘴,依靠喷射管中的压缩空气将速凝剂雾化后与物料混合,并与料束一同送至受喷面。通过一定用量的混凝土和使用速凝剂的量,计算流量与掺量的关系式。

4.3 施工准备

4.3.1 施工现场应做好下列准备工作:

1 应移除喷射混凝土施工区域的障碍物。

2 检查湿喷机械和风、水、电等管线路,并试运转。

3 作业区应具有良好的通风和照明条件。

条文说明

检查机具设备和风、水、电等管线路,湿喷机就位,并试运转。

1 选用的空压机应满足喷射机工作风压和耗风量的要求;压风进入喷射机前必须进行油水分离。

2 输料管应能承受 0.8MPa 以上的压力,并应有良好的耐磨性。

3 保证作业区内具有良好通风和照明条件。

4.3.2 受喷面处理应符合下列要求:

1 检查开挖断面净空尺寸,清除浮石、危石。

2 宜采用高压水冲洗受喷面上的浮尘、岩屑,当岩面遇水容易潮解、泥化时,宜采用高压风吹净岩面。

3 当受喷面有渗漏水时,应事先做好治防水工作。大股涌水宜采用注浆堵水,小股水或渗漏水宜采用注浆或导管引排。

4 结冰的受喷面不得进行喷射混凝土作业。

条文说明

喷射前应对受喷岩面进行处理。一般岩面可采用高压水冲洗受喷岩面的浮尘、岩屑,当岩面遇水容易潮解、泥化时,宜采用高压风吹净岩面。若为泥、砂质岩面时应挂设细钢筋网,采用环向钢筋和锚钉或钢架固定,使其密贴受喷面,提高喷射混凝土的附着力。

隧道开挖后,大股涌水应先进行注浆堵水,一般顺涌水出露点打孔,压注速凝浆液(水泥-水玻璃浆液)。小股水或裂隙渗漏水,视具体情况宜进行岩面注浆(布孔宜密,钻孔宜浅),或采用小导管沿隧道周边环形注浆;股水根据情况,或顺股水出露点打孔压注速凝浆液,或插排水管引流(图4-1);围岩裂隙渗漏注浆孔布孔宜疏,钻孔宜深,或顺水路(节理、裂隙)扣排水半管或线形排水板,将水引到隧底水沟或纵向排水管;待受喷面上无流淌水后再喷混凝土。有渗水或大面积潮湿的岩面与喷混凝土不易黏结,为了增加黏结性,初喷在岩面上的混凝土可适当增加水泥用量,也可在混凝土中掺入高效减水剂或添加各种增黏剂。

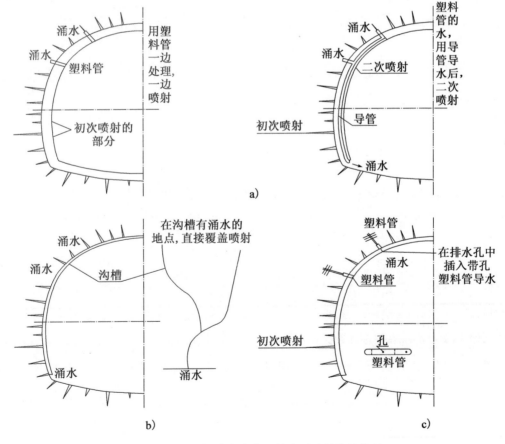

图 4-1 有涌水、渗水或潮湿的岩面喷射前的处理

4.3.3 钢筋网应符合下列要求：

1 应在初喷混凝土后再铺设钢筋网。

2 钢筋网宜紧贴受喷面铺设，与受喷面最大间隙不宜大于30mm。

3 钢筋网应与锚杆或其他固定装置连接牢固，喷射混凝土时不得晃动。

4 钢筋搭接长度不得小于30d（d为钢筋直径），并不得小于一个网格长边尺寸。

4.4 搅拌

4.4.1 搅拌应采用强制式搅拌机，计量器具应定期检定/校准。制备纤维混凝土时，搅拌站应配备纤维专用计量和投料设备。

条文说明

采用强制式搅拌机并规定一定的搅拌时间是为了保证混凝土的匀质性。混合料是否拌制均匀对喷射混凝土施工效果影响很大。搅拌不均不仅影响喷射混凝土的凝结效果，增大混凝土回弹率，而且会使混凝土强度值有较大的降低。对于钢纤维或合成纤维喷射混凝土，其搅拌均匀性更要严加控制。

4.4.2 搅拌前应测定粗、细集料的含水率，及时调整施工配合比。每工班至少抽测一次，雨天应增加抽测次数。

4.4.3 按照批准的施工配合比计量原材料，其允许偏差应符合下列规定（按质量计）：胶凝材料（水泥、矿物掺合料等）±1%，外加剂±1%，粗、细集料±2%，拌和用水±1%，纤维±1%。

4.4.4 投料顺序应符合下列要求：

1 混凝土搅拌时应先向搅拌机投入集料、水泥和矿物掺合料，搅拌均匀后，再加入水和外加剂。

2 纤维混凝土搅拌时宜采用将集料、水泥和矿物掺合料、纤维先干拌不少于1.5min，再加水和外加剂搅拌的方法；也可采用在拌和过程中分散投放纤维的方法。

条文说明

添加钢纤维最好是采用机械分散加入，即通过安装在平台上的钢纤维播料机下的活动滑槽，待水泥、砂、粗集料、外加剂通过漏斗进入拌和机后，放下漏斗，将滑槽移至拌和机上方，在搅拌的同时，开动播料机，向拌和机内均匀加入钢纤维。钢纤维在混合料中应均匀分布，不得成团。

4.4.5 搅拌时间应符合下列要求：

1 混凝土拌和物搅拌时间不宜小于120s,冬季施工时不宜小于180s。

2 钢纤维混凝土的搅拌时间应通过现场匀质性试验确定,并应较普通混凝土规定的搅拌时间延长60~120s,总搅拌时间不宜小于180s。

3 合成纤维混凝土搅拌时间宜为240~300s,搅拌完成后随机取样,如纤维已均匀分散成单丝,则混凝土可投入使用;若仍有成束纤维,则至少延长搅拌时间30s才可使用。

4.5 运输

4.5.1 混凝土应采用搅拌运输车运输。装运混凝土前,应认真检查搅拌运输车罐内是否存有积水,内壁黏附的混凝土是否清除干净。

4.5.2 搅拌运输车运输过程中宜以2~4r/min的转速转动;到达施工现场后,应高速转动20~30s后再将混凝土放入湿喷机受料斗;运输车使用完及时清洗干净。

4.5.3 混凝土运输应尽量缩短运输时间,从加水搅拌到开始喷射的时间应根据混凝土初凝时间及施工气温试验确定。

4.5.4 搅拌运输车的运输能力应满足施工需要,保证喷射混凝土供应连续。

4.5.5 应根据气候条件对运输容器采取遮盖或保温隔热措施。

条文说明

4.5.1~4.5.5 喷射混凝土宜随拌随用,其在运输、存放过程中不应淋雨、浸水及混入杂物,混凝土拌和物的停放时间不应大于30min。

喷射混凝土拌和物在运输、存放过程中,一般都会有一定程度的坍落度损失。为保证湿喷混凝土的顺利进行和喷射混凝土施工质量,要控制过程中坍落度的损失。喷射混凝土在运送到施喷现场后,要注意施工场地的清洁卫生,不允许混泥、泡水,对混凝土拌和料造成污染。

4.6 喷射

4.6.1 施工前应进行试机、试喷,满足要求后进行喷射作业。喷射作业流程见图4.6.1。

4.6.2 湿喷作业应遵循分片、分段,自下而上的顺序,每次作业纵向长度不宜大于6m。当岩面有较大凹洼时,应先将凹洼处喷平。钢架地段应优先喷射钢架与岩面间混凝土,再喷射钢架间混凝土,喷嘴应向钢架两侧适当倾斜,喷实钢架背后。

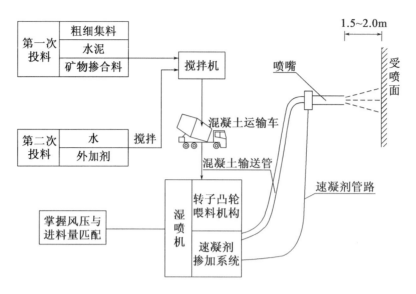

图 4.6.1 喷射作业流程

条文说明

喷射时,喷嘴宜采用往复喷射、S 形喷射或螺旋式喷射路线(图 4-2),喷嘴指向与受喷面角度宜成 90°。

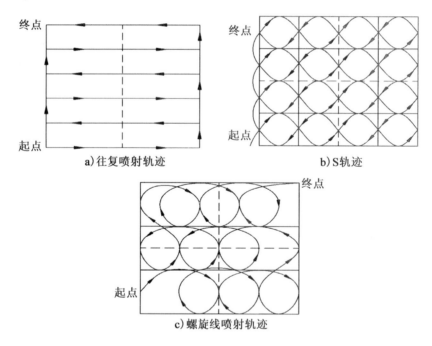

图 4-2 喷射路线

4.6.3 初喷混凝土应在开挖后及时进行,厚度宜控制在 40~60mm。复喷应按设计厚度分层、分段进行喷射作业,复喷一次喷射厚度拱顶不得大于 100mm,边墙不得大于 150mm。分层喷射的后一层应在前一层混凝土终凝后进行。

4.6.4 喷射混凝土的一次喷射厚度宜根据围岩情况及喷射部位经试验确定。

条文说明

厚度要求指一次喷层厚度和设计喷层厚度。初喷的混凝土与岩面黏结力较小,喷层过厚会因自重而坠落或下垂形成喷层与岩面间的空鼓。一次喷混凝土的厚度以喷混凝土不滑移、不坠落为度,既不能因厚度太大而影响喷混凝土的黏结力和凝聚力,也不能太薄而增加回弹量。边墙一次喷射混凝土厚度控制在7~10cm,拱部控制在5~6cm,并保持喷层厚度均匀。顶部喷射混凝土时,为避免产生坠落现象,两次间隔时间宜为2~4h。

分层喷射时,后层喷射应在前层混凝土终凝后进行,若终凝1h后进行喷射,则应先用风水清洗喷层表面。

4.6.5 喷射混凝土采用埋钉法或锚杆头控制厚度,厚度不足时应及时补喷。

4.6.6 喷嘴应垂直岩面喷射,喷嘴到喷射面距离宜为1.5~2.0m。

条文说明

在喷射压力一定时,若距离太近,则混凝土回弹大,反冲击力大;但距离若过远,混凝土未到受喷面既已跌落。实践表明,喷射距离在1.5~2.0m较适宜。

4.6.7 喷射混凝土回弹物不得重新用作喷射混凝土材料。

4.6.8 前一层喷射混凝土终凝后1h以上且喷层表面已蒙上粉尘时,后一层喷射作业前应清洗干净受喷面。

4.6.9 喷射作业完成后,及时清理干净底脚处混凝土回弹物。

4.7 养生

4.7.1 养生环境温度不得低于5℃。

4.7.2 湿喷混凝土终凝2h后,宜采取喷雾养生,保持必要的湿度,养生时间不得少于7d;混凝土强度未达到6MPa之前不得受冻。

4.7.3 湿喷混凝土在相对湿度达到95%以上的作业区域内可自然养生。

条文说明

4.7.1~4.7.3 养生是喷射混凝土施工中的一个重要环节,喷射混凝土终凝2h后应洒水养生，一般养生时间不少于7d。气温低于5℃时，不得喷水养生。在正常养生条件下，混凝土强度随龄期延长而增大，其原因是胶凝材料的不断水化。而水化速度与环境温度和湿度有关，由于经常爆破和通风不良导致隧道内的温度较高，喷射混凝土周围的空气相对来说比较干燥，加上水化热引起的混凝土内部温度较高，将使其表面水分很快就蒸发掉，进而引起水泥石毛细管中水分继续蒸发。喷射混凝土中水泥与水接触的时间短且范围有限，与普通混凝土相比水泥水化的程度更低。喷射混凝土的凝结过程也是水泥进一步水化的过程，水泥的水化反应必须在有水的条件下才能发生，水泥水化因为水泥石缺少水分不能继续进行，还因毛细管引力作用在混凝土中引起收缩，此时的喷射混凝土强度还很低，收缩引起的拉应力将使混凝土开裂，破坏混凝土结构，影响混凝土强度的继续增长，而且停止水化还将使水化物不能进一步向水泥石的毛细孔填充，从而影响混凝土的抗渗性。

5 质量控制与检查

5.1 一般规定

5.1.1 湿喷混凝土配合比、原材料质量检验应符合本规程的规定及相关规范要求。

5.1.2 湿喷混凝土强度、厚度等应符合设计及相关规定,隧道内喷射混凝土结构应进行净空测量。

5.2 原材料质量控制与检查

5.2.1 进场原材料检验应符合本指南第4章的规定及相关标准要求,建立台账并做好登记。

5.2.2 质量验收应符合下列要求:
1 原材料应附带相应的质量证明、技术证书等文件,证明资料不齐全的,不予进场。
2 对检验和未检验的材料应进行相应标识。
3 所有原材料必须通过试验检测合格,报经监理工程师同意后方可使用。
4 材料供应商必须定期提供具有相关资质的检验报告原件。

5.2.3 原材料进场检测项目及检测频率宜符合表5.2.3的要求。

表5.2.3 原材料进场检测项目及检测频率

类别		试验检测项目/参数	检验频率	依据标准
原材料检验	水泥	1.密度;2.细度/比表面积;3.标准稠度用水量;4.凝结时间;5.安定性;6.胶砂强度;7.胶砂流动度	1次/批,袋装水泥每200t为1批,散装水泥每500t为1批	GB 175
	粗集料	1.筛分;2.密度;3.吸水率;4.含泥量;5.泥块含量;6.针片状颗粒含量;7.压碎值	1次/批,不超过400m³或600t为一批;小批量进场的宜以不超过200m³或300t为一批	JTG/T F50
		8.含水率	每次拌和前	
		9.坚固性;10.软弱颗粒含量	有怀疑时	

续上表

类别	试验检测项目/参数	检验频率	依据标准
原材料检验	细集料: 1.筛分;2.密度;3.含泥量;4.泥块含量;5.亚甲蓝值 MBV	1次/批,不超过400m³ 或600t 为一批;小批量进场的宜以不超过200m³ 或300t 为一批	JTG/T F50
	细集料: 6.含水率	每次拌和前	
	细集料: 7.压碎值;8.坚固性	必要时	
	外加剂: 1.pH值;2.氯离子含量;3.总碱量;4.含固量;5.含水率;6.密度;7.细度;8.硫酸钠含量	1次/批,掺量大于或等于1%同品种的外加剂每100t 为1批,掺量小于1%的外加剂每50t 为1批,不足100t 或50t 也按一批计	GB 8076
	外加剂: 9.减水率;10.泌水率比;11.抗压强度比;12.含气量;13.凝结时间差;14.收缩率比	需要进行型式检验时	
	速凝剂: 1.密度;2.含水率;3.含固量;4.碱含量;5.凝结时间;6.1d 抗压强度	1次/批,每50t 为1批,不足50t 按1批计	GB/T 35159
	水: 1.pH值;2.氯离子含量;3.不溶物含量;4.可溶物含量;5.硫酸盐及硫化物含量	1次/1水源,或怀疑受污染时	JGJ 63
	钢纤维: 1.抗拉强度;2.弯曲性能;3.外观质量;4.每根钢纤维的质量偏差;5.形状合格率	1次/批,每5t 为1批,不足5t 按1批计	JT/T 524
	合成纤维: 1.尺寸;2.外观质量	1次/批,每1t 为1批,不足1t 按1批计	JT/T 525
	钢筋: 1.抗拉强度;2.屈服强度;3.冷弯;4.伸长率	1次/批,每60t 为1批,不足60t 按1批计	GB/T 701

条文说明

矿物掺合料检测项目及检测频率宜符合表5-1的要求。

表 5-1 矿物掺合料检测项目及检测频率

掺合料	试验检测项目/参数	检验频率	依据标准
粉煤灰	1.细度;2.需水量比;3.烧失量;4.三氧化硫含量;5.比表面积	1次/批,每200t 为1批,不足200t 按1批计	GB/T 1596
矿渣粉	1.密度;2.比表面积;3.活性指数;4.流动度比;5.初凝时间比;6.含水率;7.三氧化硫;8.烧失量;9.不溶物	1次/批,每200t 为1批,不足200t 按1批计	GB/T 18046
硅灰	1.二氧化硅含量;2.含水率(固含量);3.烧失量;4.需水量比	1次/批,每30t 为1批,不足30t 按1批计	GB/T 27690

5.3 喷射混凝土质量控制与检查

5.3.1 湿喷混凝土拌制前,应测定粗、细集料含水率,并根据测试结果及时调整施工配合比,确定拌和用水量,每工班不少于1次。

5.3.2 湿喷混凝土的坍落度应符合设计配合比的要求,每工班不少于1次。

5.3.3 钢纤维混凝土中钢纤维含量测试应按现行《纤维混凝土应用技术规程》(JGJ/T 221)的规定在喷射地点取样检验。

5.3.4 同一工程、同一配合比混凝土的水溶性氯离子含量应至少检验1次。

5.3.5 湿喷混凝土厚度应符合设计要求,检查点数90%及以上应不小于设计厚度。全断面开挖时,每一作业循环检验一次;分部开挖时,按每3~5m检验一次。采用埋钉法、凿孔法或断面测量(每个循环断面从拱顶起,每间隔不大于2m布设一个检测点)检测。检测结果允许偏差值为±10mm。

5.3.6 湿喷混凝土24h强度应符合设计要求,检测方法见附录C。

5.3.7 湿喷混凝土表面平整度应符合两突出物之间的深长比$D/L \leq 1/20$(注:D-相邻两凸面之间凹进去的深度;L-相邻两凸面之间的距离,L不大于1m)的规定,观察、尺量检测。

5.3.8 湿喷混凝土强度应符合设计要求,抗压强度采用检查试件或现场取芯法检测。

5.3.9 湿喷混凝土应密实、无脱空、露筋、空鼓、漏喷。宜采用凿空法或雷达探测仪检测。每10m检查一个断面,凿空法每个断面从拱顶中线起每3m测1点,雷达探测仪法沿隧道纵向分别在拱顶、两侧拱腰、两侧边墙连续测试共5条测线,每个断面测5点。

5.3.10 湿喷混凝土结构净空应符合设计要求,每3~6m测量一个断面,公路零平面起,步长30~50cm为1个测点。

5.3.11 喷射混凝土的黏结强度试验应按本规程附录A执行。

5.3.12 喷射混凝土的质量检测标准宜符合表5.3.12的要求。

表 5.3.12 喷射混凝土质量检测标准

序号	检测项目	检测标准	检测方法
1	湿喷混凝土厚度	符合设计要求,检查点数90%及以上应不小于设计厚度。全断面开挖时,每一作业循环检验一次;分部开挖时,按每3~5m检验一次	埋钉法、凿孔法或断面测量
2	湿喷混凝土24h强度	符合设计要求	无底试模法或贯入法
3	湿喷混凝土表面平整度	符合两突出物之间的深长比 $D/L \leqslant 1/20$	观察、尺量检测
4	湿喷混凝土强度	符合设计要求	检查试件或现场取芯法检测
5	混凝土表面质量,密实性	应密实、无脱空、露筋、空鼓、漏喷。每10m检查一个断面,每个断面从拱顶中线起每3m检查	凿空法或雷达探测仪检测
6	湿喷混凝土结构净空	符合设计要求	断面测量
7	喷射混凝土的黏结强度	符合设计要求	岩面黏结力试验

5.3.13 检查试块的数量:

1 喷大板切割试块,每喷射 50~100m³ 或小于 50m³ 的独立工程不得少于 1 组,每组不得少于 3 块;双车道隧道每 10 延米至少在拱脚和边墙各取 1 组,每组至少取 3 个试块进行抗压强度试验。

2 凿孔或钻孔取芯切割试块,每 100m² 抽检一组。芯样直径为 100mm 时,每组不应少于 3 个点;芯样直径为 50mm 时,每组不应少于 6 个点。

5.4 施工记录

5.4.1 施工过程中,应对作业进度、工艺控制及施工状况、天气、气温、质量管理及检查等进行记录并保存。

5.4.2 湿喷混凝土施工记录应包括以下主要内容:
  1 隧道内的环境(温度、湿度、通风状况等)。
  2 喷射作业面距隧道口的距离。
  3 采用的机械及装备配置图。
  4 喷混凝土的配合比、材料消耗数量等。
  5 喷射混凝土工作时间。
  6 喷射施工的状况(有无涌水、喷射面状况、粉尘及回弹状况、混凝土附着状况、喷射量等)。
  7 各种检查结果。
  8 设备修整地点及方法。

附录 A　湿喷混凝土有关的试验和测定方法

A.1　湿喷混凝土强度检查试件的制作方法

A.1.1　喷大板切割法应在施工的同时,将混凝土喷射在 45cm×35cm×12cm(可制成 6 块)或 45cm×20cm×12cm(可制成 3 块)的模型内,当混凝土达到一定强度后,加工成 10cm×10cm×10cm 的立方体试件,在标准条件下养生至 28d 进行试验(精确到 0.1MPa)。

A.1.2　采用喷大板切割法对强度有怀疑时,可用凿方切割法。凿方切割法应在具有一定强度的支护结构上用凿岩机打密排钻孔,取出长 35cm、宽约 15cm 的混凝土块,加工成 10cm×10cm×10cm 的立方体试件,在标准条件下养生至 28d 进行试验(精确到 0.1MPa)。

A.2　湿喷混凝土与岩面黏结力的试验方法

A.2.1　成型试验法可采用在模型内放置面积为 10cm×10cm、厚 5cm、表面粗糙度近似于实际情况的岩块,用喷射混凝土掩埋。当混凝土达到一定强度后,加工成 10cm×10cm×10cm 的立方体试件,在标准条件下养生至 28d,用劈裂法进行试验。

A.2.2　直接拉拔法可采用在围岩表面预先设置带有丝扣和加力板的拉杆,用喷射混凝土将加力板埋入喷层约 10cm,试件面积约 30cm×30cm(周围多余的部分应予清除),养生 28d 进行拉拔试验。

A.3　湿喷混凝土实际配合比、水胶比的测定方法

A.3.1　测定步骤应符合下列要求:
1　从受喷面上采集一块刚喷好的混凝土,迅速称取质量各为 3000g 的两份。
2　将第一份混凝土放在瓷盘里,在烘箱中以 105~110℃烘至恒重。由烘干前后的质量,计算喷射混凝土中可烘干水的质量。
3　取样的同时,用 400g 水泥及与施工相同掺量的速凝剂加 160g 水(水胶比为 0.4),迅速拌制一份净浆,与第一份混凝土在相同条件下烘至恒重。由烘干前后的质量,计算不

可烘干水的质量与水泥质量的比率(即不可烘干水率)。

4 将第二份混凝土放入盛有6~8kg水的桶中,立即搅散开,使水泥、速凝剂、砂石分离,仔细淘洗清除水泥、速凝剂和粒径小于0.15mm的细粉。将砂、石在烘箱中以105~110℃烘至恒重,筛分并称取质量。

5 根据式(A.3.1)计算水泥质量,即可求出湿喷混凝土的实际配合比和水胶比。

$$水泥质量 = 3000 - \frac{(砂质量 + 石质量 + 可烘干水质量)}{1 + 速凝剂掺量 + 不可烘干水率} \quad (A.3.1)$$

注:式中各项材料质量以克(g)计,要求精确至0.1g;速凝剂掺量和不可烘干水率均以水泥质量的百分比表示;水质量为可烘干水质量与不可烘干水质量之和。

A.3.2 测定时应注意下列事项:

1 采集试样、称重、拌制净浆以及第二份试样在水中搅散开,均应在尽可能短的时间内完成,最迟不得超过5min。

2 第二份试样在淘洗时,每次倒污水都要经过0.15mm孔径的筛。

3 计算时,砂、石中小于0.15mm的细粉应按原材料中的比例记入砂、石质量,水泥、速凝剂中大于0.15mm的颗粒也应按原材料中的比例记入水泥、速凝剂质量中。

附录 B 湿喷混凝土回弹率试验

B.0.1 湿喷混凝土回弹率试验应使用下列仪器：

1 搅拌机，容积应大于 $1m^3$；
2 喷射设备；
3 塑料膜，面积为 $40\sim50m^2$；
4 电子秤或机械秤，分度值为 $200\sim1000g$。

B.0.2 试验应按下列步骤进行：

1 用塑料膜在待喷面下方地面覆盖 $40\sim50m^2$ 的区域。

2 拌制不少于 $1m^3$ 混凝土拌和物，送入喷射设备，待喷射出料稳定后开始进行测试。喷嘴应与受喷面保持 90°夹角，喷嘴与喷射面的距离宜 $1.0\sim2.0m$ 进行选择。喷射总厚度为 $100\sim120mm$，分两层喷射，每层厚度为 $40\sim60mm$。喷射过程需保证连续不中断，料斗里混凝土在测试开始和结束时需保持均匀一致。

3 喷射结束后，从塑料膜上收集回弹料，并进行称重。

4 回弹料与总喷出拌和物的质量百分比即为喷射回弹率。总喷出拌和物应扣除喷射稳定前喷射出的拌和物。

附录 C   无底试模法和贯入法

当不具备切割制取试件的条件时，可直接向边长为 100mm 或 150mm 的无底试模内喷射混凝土制取试块，其抗压强度换算系数可通过试验确定。

贯入法步骤如下：

1 喷射混凝土施工完成后，选择测区，测区宜选择在较平整处，且避开各种管线干扰之处。

2 每一喷射循环应随机选取 10 个测区，每一测区的面积约为 500cm^2，相邻两测区的间距不宜小于 0.5m。

3 每个测区选取 5 个测点，测点应在测区范围内均布，相邻测点之间的最小间距为 5cm，选好测点后进行标识和编号。

4 使用测强仪对每一测点进行贯入检测。

5 使用专用测深表(测量尺)对每一测点进行贯入后的读数测量并记录，测量值精确到 0.01mm。

6 初读数减去贯入后的读数即为测点的贯入深度值，每个测区 5 个测点中，去除 1 个最大值和最小值，将剩下 3 个测点的贯入深度值进行平均值计算，作为该测区的贯入深度值。

7 按照早期回归曲线，进行测区抗压强度换算。

本指南用词说明

执行本指南条文时，对于要求严格程度的用词说明如下，以便在执行中区别对待。

(1) 表示很严格，非这样做不可的用词：

正面词采用"必须"；

反面词采用"严禁"。

(2) 表示严格，在正常情况均应这样做的用词：

正面词采用"应"；

反面词采用"不应"或"不得"。

(3) 表示允许稍有选择，在条件许可时首先应这样做的用词：

正面词采用"宜"；

反面词采用"不宜"。

(4) 表示有选择，在一定条件下可以这样做的，采用"可"。